Artois

Paysages de la Grande Guerre
Landscapes of the Great War

Remerciements

L'association « Les Champs de la Mémoire » exprime toute sa gratitude à l'association « Les Gueules Cassées » qui a permis la réalisation de cet ouvrage. Elle remercie en outre pour leur soutien l'ONAC du Pas-de-Calais, les offices de tourisme d'Arras, de Lens et la Société Générale Arras-Artois-Hainaut. Les auteurs tiennent à remercier tout particulièrement Xavier Hanotte, Jacques Tardi, Jean-Pierre Verney, ainsi que Perrine Koetschet.

The association "Les Champs de la Mémoire" expresses its gratitude to the association "Les Gueules Cassées" who enabled the production of this book. We also thank for their help the ONAC of Pas-de-Calais, as well as the tourism offices of Arras, Lens and the Société Générale of Arras-Artois-Hainaut. The authors wish to thank in particular Xavier Hanotte, Jacques Tardi, Jean-Pierre Verney and also Perrine Koetschet.

Déjà paru dans la même collection
In the same collection

La Somme. Paysages de la Grande Guerre / Landscapes of the Great War, Bernard Giovanangeli Éditeur / Historial de la Grande Guerre / Les Champs de la Mémoire, 2006.

Artois

Paysages de la Grande Guerre
Landscapes of the Great War

Anne Roze / John Foley

Les Champs de la Mémoire

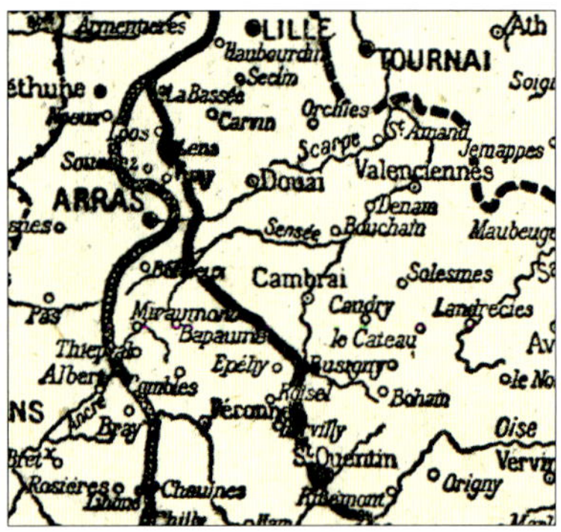

Le parc du Mémorial canadien de Vimy
La colline, enlevée par les troupes canadiennes en avril 1917, fut donnée en 1922 au Canada. Sur le sol ravagé par les mines et les obus, 11285 arbres furent plantés, autant que de soldats de la Grande Guerre dont on n'avait pas retrouvé le corps.

The Canadian National Vimy Memorial Park
The hill was captured by the Canadian troops in 1917 and given to Canada in 1922. 11,285 trees were planted in the earth ravaged by mines and shells – as many as these soldiers of the Great War whose bodies were never found.

Artois

Paysages de la Grande Guerre

Landscapes of the Great War

Anne Roze / John Foley

Les Champs de la Mémoire

Sommaire

Introduction

Des plaines fertiles filant vers les Flandres belges, un clocher pointu se détachant à l'horizon sur un ciel immense, le calme des années qui se répètent... Peu de terres pourtant ont été plus broyées que celle-ci. De Saint-Omer à Arras, Bapaume et Cambrai, les cimetières dans les champs, les maisons de briques des villages reconstruits, les alignements silencieux des grandes nécropoles rappellent que l'Artois fut l'un des principaux champs de bataille de la Grande Guerre.

Lorsque après la bataille de la Marne les deux camps cherchent à gagner la Mer du Nord, le bassin minier est un enjeu primordial.

Les affrontements dans cette contrée sont particulièrement violents avant que les armées s'immobilisent face à face au fond des tranchées.

Alors que Lille ou Valenciennes subissent une cruelle occupation, Arras, prise fin août, est libérée en septembre. Mais les obus allemands la pilonnent et détruisent son beffroi et ses places, provoquant l'exode des habitants. Le saillant que forme la ligne de front autour de la ville est l'objet de grandes offensives en 1915 et en 1917, sur les collines de Vimy et de Notre-Dame-de-Lorette.

En quelques mois, le visage de la guerre s'est transformé. A Cambrai apparaît une arme nouvelle, le tank, ce « vaisseau terrestre » dont avait rêvé Churchill du haut du mont Saint-Eloi en regardant la campagne et les vagues du terrain bouleversé.

A l'armistice, une grande partie de l'Artois est devenue une « terre brûlée », le bassin minier est à reconstruire comme les villes dont certaines ne sont qu'un tas de pierres.

Cent ans après subsistent d'innombrables cicatrices dans le paysage, et les cimetières et mémoriaux de l'Europe entière venue s'immoler là. Ceux aussi d'hommes arrivés de l'autre bout du monde et qui s'y illustrèrent, Canadiens, Australiens, Néo-Zélandais, Indiens, Sénégalais, Marocains...

Ce livre de photographies et de témoignages littéraires peut servir d'écho à ce que vécurent les milliers d'individus jetés dans ce grand massacre, dont les stèles rassemblées au milieu des champs ou le long des routes se dressent contre l'oubli.

Des obus par milliers...

Thousands of shells...

Fertile plains rolling towards Belgian Flanders, a pointed bell-tower that stands on the horizon against a vast expanse of sky, the calm unchanging cycle of the years... However, few other countries have undergone such devastation.

The graveyards standing in the fields, the brick houses of rebuilt villages, the silent ranks of great cemeteries stretching from Saint-Omer to Arras, Bapaume and Cambrai are a reminder that Artois was one of the principal battlefields of the Great War.

After the Battle of the Marne, when both sides struggled to gain the North Sea, the mining pits became of crucial strategic importance. Confrontations in this zone were particularly violent before the two armies came to a halt face to face deep in the trenches.

Lille and Valenciennes remained in the throes of a cruel occupation, whereas Arras, captured at the end of August was liberated in September. But, shelled heavily by the Germans, its bell-tower and squares were destroyed and its inhabitants obliged to flee. In 1915 and in 1917, the salient formed by the front-line around the city underwent heavy onslaughts on the hills of Vimy and Notre-Dame-de-Lorette.

In the space of a few months the face of the war is transformed by the appearance of a new weapon at Cambrai: the tank, that "terrestrial vessel" which Churchill had dreamed of standing on the top of Mount St. Eloi and looking down on the countryside with its waves of displaced earth. By the time of armistice, most of Artois has become a "wasteland", the mining-pits and the towns, some of which have been reduced to a heap of rubble would have to be rebuilt.

A hundred years later this country remains marked by countless scars and with the cemeteries and memorials of all of Europe who came here to be sacrificed. Those too of men who came from the other side of the world, Canadians, Australians, New Zealanders, Indians, Senegalese, Moroccans, and distinguished themselves in action.

This book of photos and literary accounts can serve as an echo to what was undergone by the millions of individuals who were flung into the great massacre. Their steles stand side by side amidst the fields or along the roadside defying oblivion.

Ernst Jünger

Le regard portait au loin à travers la campagne dévastée, dont les villages morts étaient reliés par des routes où pas une voiture ne roulait, où pas une créature vivante ne se laissait voir. Au fond, les contours d'Arras, la ville abandonnée, s'effaçaient dans le lointain et, plus à droite, on voyait luire les entonnoirs de craie ouverts par les grandes explosions de mines, à Saint-Eloi. Même vide dans les champs envahis par les mauvaises herbes, où passaient de grandes ombres de nuages, et sur lesquels le réseau dense des tranchées étalait ses mailles jaunes et blanches.

ORAGES D'ACIER

One could see a great distance across the ravaged countryside the dead villages of which were linked by roads where not a single car passed nor a single living creature could be seen. Far away one could make out the abandoned town of Arras, over to the right gleamed the white-chalk shell holes blown open by the enormous explosion of mines at St. Eloi. The fields too were empty and overgrown with weeds. Great shadows of clouds passed over the land where the dense network of trenches spread its white and yellow mesh.

STORM OF STEEL

Ciel d'Artois autour d'Arras

Arras et ses environs furent un enjeu stratégique durant toute la guerre. Lorsque le front se stabilisa à l'automne 1914, les Allemands tenaient les collines de Vimy et de Notre-Dame-de-Lorette, leurs lignes formant un saillant qui menaçait la ville. L'Etat-Major allié multiplia les offensives pour dégager Arras et percer le front en direction du bassin minier.

Artois sky in the Arras area

Arras and its surrounding regions were a strategic site throughout the war. When the front stabilized in the autumn of 1914, the Germans held the hills of Vimy and Notre-Dame-de-Lorette and their lines formed a salient threatening the town. The allied officers led repeated attacks to free Arras and break through the front in the direction of the mining-pits.

Neil Munro

Dans la ville d'Arras
Quand descend le crépuscule,
Cinquante joueurs de cornemuse sonnent la Retraite.
...O construisez avec fierté vos tours,
Mais sachez qu'elles ne resteront pas ;
Les hautes tours et les édifices
De même seront bombardés
Et le monde est jonché de débris
Venant des demeures du passé.

CORNEMUSES A ARRAS

In the burgh town of Arras
When gloaming had come on,
Fifty pipers played Retreat.
...O build in pride your towers,
But think ont they will last;
The tall tower and the shealing
Alike must meet the blast,
And the world is strewn with shingle
From dwellings of the past.

PIPES IN ARRAS

The ruins of the bell-tower in 1915 and Arras today
Captured on the 31st of August, the city was liberated on the 9th of September by the Senegalese snipers and Breton regiments but continued to undergo constant bombing. The French and then British troops remained quartered there. After the war its squares and monuments were rebuilt identically.

Les ruines du beffroi en 1915 et Arras aujourd'hui
Occupée le 31 août 1914, la ville fut libérée le 9 septembre par les tirailleurs sénégalais et les régiments bretons, mais systématiquement bombardée. Les troupes françaises puis britanniques y restèrent en cantonnement. Après la guerre, ses places et ses monuments furent reconstruits à l'identique.

Major Leeds

Leurs vies ont été sacrifiées pour ne rien obtenir de tangible, cela a été un gâchis pur du meilleur personnel et tous ceux qui savaient ce que nous devions faire l'avaient prophétisé. Espérons maintenant que les généraux, qui sont si loin de nous, comprendront quelles folies sont ces attaques locales.

JOURNAL DE MARCHE DU 59E BATAILLON DE LA DIVISION LAHORE

Their lives were sacrificed and nothing was gained in exchange, it was a pure waste of the best men and all those who knew what we were about to do foresaw this. Let us hope now that the generals, so far away from us, will realize how ill-advised these local attacks are.

WAR DIARIES OF THE 59TH BATTALION OF THE LAHORE DIVISION

The Indian cemetery at Neuve-Chapelle
The British launched repeated offensives in early 1915 which proved as vain as they were bloody. In March they launched an attack on Neuve-Chapelle in which the Indian troops distinguished themselves but which nevertheless resulted in a tragic defeat.

Le cimetière indien de Neuve-Chapelle
Début 1915, les Britanniques tentèrent des offensives répétées, aussi vaines que sanglantes. En mars, ils lancèrent un assaut sur Neuve-Chapelle, dans lequel s'illustrèrent les troupes indiennes. Cette attaque se solda néanmoins par un tragique échec.

Wilfred Owen

La poignante misère de l'aube commence à croître…
La guerre dure, la pluie trempe, les nuages pèsent en houle :
Nous ne savons rien d'autre. Massant à l'est sa morne armée, l'aurore
Attaque à nouveau, lance à l'assaut vague après vague grise et tremblante,
Mais rien ne se passe.
(…)
Cette nuit le gel figea la boue et nous avec elle,
Fripant nombre de mains, ridant les fronts.
Les fossoyeurs, pelles et pioches mal serrées dans leurs pognes,
Marquent la pause sur des visages à demi connus. Leurs yeux sont de glace,
Mais rien ne se passe.

FROID, PREMIÈRE LIGNE

The poignant misery of dawn begin to grow…
We only know war lasts, rain soaks, and clouds sag stormy.
Dawn massing in the east her melancholy army
Attacks once more in ranks on shivering ranks of gray,
But nothing happens.
…
Tonight, this frost will fasten on this mud and us,
Shrivelling many hands, puckering foreheads crisp,
The burying-party, picks and shovels in shaking grasp,
Pause over half-known faces. All their eyes are ice,
But nothing happens.

EXPOSURE

Paysage d'Artois en hiver
Immobilisés face à face, les hommes enfouis dans les tranchées survécurent dans des conditions difficilement imaginables : au-delà du danger et de la violence, le froid, la pluie, la vermine, les rats furent leur lot quotidien.

The Artois countryside in winter
It is difficult to imagine the conditions in which the men survived, locked face to face deep in the trenches. As well as the danger and violence they were constantly plagued by rain and cold, vermin and rats.

Roland Dorgelès

La boue venait à mi-jambes, dans le boyau ; l'eau coulait de partout, de la paroi gluante et de la nuit. Ils pataugeaient dans ce ruisseau de glu noire, et, pour ne pas s'embourber, il fallait poser le pied dans l'empreinte des autres, marcher de trou en trou. On n'entendait que le clapotis des pieds arrachés à la vase et les grognements des hommes qui devaient marcher de biais, à cause de leur charge.

LES CROIX DE BOIS

Inside the trench, mud seeped to the knee and water poured from everywhere – from the slimy walls and from the night. They floundered along in a river of black glue endeavouring to place their feet in the print of those in front to avoid getting stuck, marching like this from one hole to another. The only noise was the sucking sound of feet pulling out from the slime and the grunts of the men forced to walk sideways because of their load.

WOODEN CROSSES

Le bunker allemand des environs d'Aubers où aurait séjourné le caporal Hitler / Dessin humoristique : "Nos appartements à Aquatic City"
Pour les hommes contraints de vivre à même la terre, la « boue des Flandres » fut l'un des principaux fléaux, les engluant dans des vêtements raidis et glacés et compliquant le moindre de leurs mouvements.

The German bunker near Aubers where corporal Hitler probably stayed / "Our home in Aquatic City"
For the men forced to live in the ground, one of the greatest hardships was the "Flanders mud" which coated their clothes and froze them stiff rendering the slightest movement complicated.

Richard Aldington

Le paysage était plat, presque sans arbres, sauf quelques chicots explosés par les bombes, et couvert d'une neige glacée. Tous les bâtiments à la ronde étaient effondrés, bien souvent presque au niveau du sol. C'était une région de mines, avec de drôles de hautes collines de crassier et d'étranges chevalements d'acier, réduits par les obus à d'immenses masses rouillées de métal tordu…

INTRODUCTION AUX TRANCHÉES

The landscape was flat, almost treeless except for a few shell-blasted stumps, and covered with snow frozen hard. Every building in sight had been smashed, in many cases almost level with the ground. It was a mining country, with great queer hills of slag and strange pit-head machinery in steel, reduced by shell-fire to huge masses of twisted rusting metal.

INTRODUCTION TO THE TRENCHES

Les tombes françaises et britanniques du cimetière de Zouave Valley / Près de Loos, l'un des nombreux cimetières britanniques de la région
A quelques kilomètres des terrils du bassin minier tenu par les Allemands, les combats se multiplièrent dans la vallée de la Souchez.
779 cimetières britanniques sont parsemés dans la campagne d'Artois.

The French and British tombs in the Zouave Valley Cemetery / One of the many British cemeteries of the region, near Loos
Fighting intensified in the valley of Souchez a few kilometres away from the slag-heaps of the mining-pits.
779 British cemeteries are scattered across the Artois countryside.

Henri Barbusse

La lumière du jour a fini par s'infiltrer dans les crevasses sans fin qui sillonnent cette région de la Terre, elle affleure aux seuils de nos trous. Lumière triste du Nord, ciel étroit et vaseux, lui aussi ; chargé, dirait-on, d'une fumée et d'une odeur d'usine. Dans cet éclairement blême, les mines hétéroclites des habitants des bas-fonds apparaissent à cru, dans la pauvreté immense et désespérée qui les créa.

LE FEU

Daylight has finally slipped into the endless crevasses which shape this part of the world and advances to the edge of the dugouts. The dull North light, a slit of muddied sky, laden as it were with the smoke and smell of factories. In this deathly pale glow the irregularly shaped faces of these inhabitants of the bowels of the earth are revealed in the stark poverty and despair which gave birth to them.

UNDER FIRE

La terre lourde et fertile de la campagne d'Artois
La terre, qui restait malgré tout le principal refuge des poilus, fut ravagée pendant quatre ans par les obus. Mais les champs ont retrouvé aujourd'hui toute leur plénitude.

The heavy and fertile earth of Artois countryside
The earth which in spite of everything remained the principal refuge of the French soldiers was devastated for four years by shell-fire. Today, however, the fields are once again flourishing.

Capitaine Humbert

A droite comme à gauche, c'est le talus éboulé, le talus de boue où la main enfonce… Le bombardement commence. Que faire ? Se coucher ? Il ne peut : il est enfoncé dans la boue jusqu'aux genoux. S'abriter ? Il n'y a rien, rien que le grand boyau rectiligne et évasé. Il n'y a rien qu'à rester là, pris par les pieds.

LA DIVISION BARBOT

Banks of sliding mud on the right as on the left, a muddy slope which the hand sinks into… The bombing starts up. What to do? Lie down? He is up to his knees in mud. Take shelter? There is none, only the great rectilinear trench yawning open. There is nothing to do but stay, feet gripped in the mud.

THE BARBOT DIVISION

Le village d'Ablain-Saint-Nazaire et les ruines de son église-fantôme
Au pied de la colline de Notre-Dame-de-Lorette, la ligne de front passait au milieu des villages de la vallée. Transformés en places fortifiées, ils devinrent vite des monceaux de ruines.

The village of Ablain-Saint-Nazaire and the ghostly ruins of its church
The front-line passed through the villages of the valley at the foot of the hill Notre-Dame-de-Lorette. Requisitioned for defense-purposes, these villages were quickly reduced to piles of rubble.

Louis Aragon

0 revenants bleus de Vimy
Vingt ans après morts à demi
Je suis le chemin d'aube hélice
Qui tourne autour de l'obélisque
Et je me risque où vous errez
Malendormis Malenterrés

LA NUIT DE MAI

O! blue ghosts of Vimy
Twenty years afterhalf dead
I follow the path of dawn
Spiralling about the obelisk
And dare to walk where you wander
Sleepless Tombless.

THE MAY NIGHT

Facing the Douai Plain, the Canadian National Vimy Memorial: the statue of the woman who mourns her dead
In May 1915, the French launched a huge offensive on the hills held by the Germans. The troops of the French Foreign Legion-numbering Blaise Cendrars among their ranks-attained the summit of the hill of Vimy. This was the hoped-for breakthrough, but it was not followed up for lack of reinforcements. Not until 1917 could the Canadians take definitive possession of it.

Face à la plaine de Douai, sur le Mémorial canadien de Vimy, la statue de la femme qui pleure ses morts
En mai 1915, les Français lancèrent une grande offensive à l'assaut des collines tenues par les Allemands. Les troupes de la Légion Etrangère - dont faisait partie Blaise Cendrars - parvinrent au sommet de celle de Vimy. C'était la « percée » tant souhaitée, mais qui ne fut pas exploitée faute de renforts... C'est en 1917 seulement que les Canadiens purent s'en emparer définitivement.

Louis Barthas

Lorette ! nom sinistre évoquant des lieux d'horreur et d'épouvante, lugubres bois, chemins creux, plateaux et ravins pris et repris vingt fois et où, pendant des mois, nuit et jour, on s'égorgea, se massacra sans arrêt, faisant de ce coin de terre un vrai charnier humain, et cela par l'obstination criminelle de notre état-major qui savait bien qu'une décision ne pouvait sortir de cette guerre en détail, ces attaques par petits paquets …
« Je les grignote », dit cette vieille bedaine de Joffre, mot que la presse servile recueillit comme une perle rare, et cette offensive stérile et sanglante dura plusieurs mois.

LES CARNETS DE GUERRE DE LOUIS BARTHAS, TONNELIER

Lorette! a name of sinister recall evoking scenes of horror and dread, murky woods, sunken roads, plateaux and ravines captured and recaptured a dozen times and where men butchered and massacred each other unceasingly day and night for months on end, turning this part of the earth into a mass human grave, all this on account of the criminal obstination of our officers who were well-aware that nothing decisive could come of this bit-piece war, these small, scattered attacks.
"I'm nibbling away at them", quipped paunchy old Joffre, which witticism was seized upon by the servile press and served up as an excellent "bon mot" and the vain and bloody hostilities went on for several months.

THE WAR DIARIES OF LOUIS BARTHAS, COOPER

La nécropole nationale de Notre-Dame-de-Lorette
Partagée entre Français et Allemands, cette colline jadis consacrée à la Vierge devint avec les offensives de mai et de septembre 1915 un lieu de carnage. 180 000 hommes y périrent en 10 mois sous des tonnes d'obus... Autour de la basilique reposent 20 000 soldats français identifiés à côté de huit ossuaires où sont déposés les restes de 22 000 corps inconnus. Une Tour-Lanterne veille sur le champ de tombes.

The National necropolis of Notre-Dame-de-Lorette
This hill dedicated to the Holy Virgin, simultaneously held by both the French and German troops, became a place of slaughter during the attacks of May and September in 1915. Over ten months, 180,000 men perished here under tons of shells ... 20,000 identified French soldiers are laid to rest around the basilica, beside seven ossuaries containing the remains of another 22,000 unidentified bodies. A Lantern-Tower watches over the field of tombs.

Jean Galtier-Boissière

Nous atteignons la première ligne difficilement, sous une pluie torrentielle, après nous être perdus sur le plateau bouleversé par les obus... Sous l'averse de fer et de feu on sent la même impuissance qu'en présence d'un effroyable cataclysme de la nature. A quoi peuvent nous servir nos grenades et nos petits fusils contre cette avalanche de terre et de mitraille ? A quoi sert notre courage ? Un homme se défend-il contre le tremblement de terre qui va l'engloutir ?

UN HIVER À SOUCHEZ

We reach the front-line in torrential rain with effort after losing our way on the plateau devastated and deformed by shells... One feels as powerless under the hail of metal and fire as in the midst of a terrible natural catastrophe. What use are our grenades and little rifles against this avalanche of earth and shrapnel? What good is courage? How can a man defend himself against this earthquake about to engulf him?

A WINTER IN SOUCHEZ

The statue of General Maistre on the plateau of Notre-Dame-de-Lorette / Muslim tombs
After storming the South spur of the hill in the beginning of 1915, during the offensives in May, General Maistre gave the order to attack from Ablain. After enduring four days of hell under the machine gun-fire, the men gained the plateau and arrived at the ruins of the chapel.

Sur le plateau de Notre-Dame-de-Lorette, la statue du général Maistre / Tombes du carré musulman
Après avoir enlevé au début de 1915 les éperons sud de la colline, le général Maistre lors de l'offensive de mai fait donner l'assaut à partir d'Ablain. Sous le feu des mitrailleuses, les hommes au bout de quatre jours d'apocalypse parviennent sur le plateau jusqu'aux ruines de la chapelle.

Capitaine Humbert

Partout de la chair déchiquetée, des corps convulsés, repliés… Que de morts… Ils baignaient dans des trous d'obus, s'enfonçaient dans la boue. Chaque soir, on en chargeait des tombereaux devant le Cabaret Rouge… Le plus impressionnant des spectacles était peut-être celui qui s'offrait sur la cote 119, où des centaines d'hommes étaient étendus ; et comme on regardait cela au ras du sol, cela faisait un véritable tapis bleu horizon.

LA DIVISION BARBOT

Bodies blown apart, bodies twisted and bent everywhere… so many dead… floating in the shell-holes or sunk in the mud. Every night cartloads of them were collected in front of the Cabaret Rouge… Hillside 119, where hundreds of men lay stretched out provided the most spectacular sight: from our viewpoint level with the earth, you had the impression of a real carpet of "bleu horizon" uniforms.

THE BARBOT DIVISION

Cabaret Rouge cemetery
Standing at the foot of Notre-Dame-de-Lorette near the site of what used to be the Cabaret Rouge are the rows of white steles of the British cemetery engraved with the name and regiment of each soldier, excepting those bearing the inscription "Known to God only", the formula suggested by Kipling for the missing soldiers.

Le cimetière de Cabaret Rouge

Au pied de Notre-Dame-de-Lorette, près de l'emplacement de l'ancien Cabaret Rouge, le cimetière britannique aligne ses stèles blanches où sont inscrits le nom et le régiment de chaque soldat, sauf pour celles qui portent la mention « Connu de Dieu seul », la formule proposée par Kipling pour les disparus.

Siegfried Sassoon

Vous aimez en nous les héros, quand nous sommes en permission,
Ou bien blessés dans un lieu mémorable.
Vous êtes pleines de dévotion pour les décorations ; vous croyez
Que l'esprit chevaleresque rachète la laideur de la guerre.
Vous fabriquez nos obus. Vous aimez écouter
Des histoires d'horreur et de danger avec une excitation voluptueuse. (...)
Vous ne pouvez pas croire au recul des troupes britanniques
Quand l'horreur ultime de l'enfer brise les corps – aveugles et sanglants.

O mère germanique rêvant au coin du feu,
Tout en tricotant des chaussettes pour envoyer à son fils
Son visage est enfoncé profondément dans la boue.

GLOIRE DE FEMMES

You love us when we're heroes, home on leave,
Or wounded in a mentionable place.
You worship decorations; you believe
That chivalry redeems the war's disgrace.
You make us shells. You listen with delight,
By tales of dirt and danger fondly thrilled. (...)
You can't believe that British troops 'retire'
When hell's last horror breaks corpses -blind and blood.

O German mother dreaming by the fire,
While you are knitting socks to send to your son
His face is trodden deeper in the mud.

GLORY OF WOMEN

Le cimetière allemand d'Illies

Sous les arbres, les croix noires de combattants allemands victimes des attaques qui eurent lieu au nord d'Arras.

C'est à Neuville-Saint-Vaast que se trouve la plus grande nécropole allemande en France. Les corps de 44 833 soldats y reposent.

The German cemetery at Illies

Standing here beneath the trees are the black crosses of the German fighters who fell victims of the attacks occurring North of Arras. The biggest German necropolis in France is at Neuville-Saint-Vaast. The bodies of 44,833 soldiers are buried here.

Blaise Cendrars

Il n'y avait pas tout à fait un an que nous étions soldats,
nous, les plus vieux, et déjà nous avions appris à désespérer de tout,
nous, les survivants.

LA MAIN COUPÉE

We, the oldest ones, had been soldiers for just under a year and, survivors though we were, had already learnt to despair of everything.

LICE

P.H. Shaw-Stewart

J'ai vu un homme ce matin
Qui ne souhaitait pas mourir :
Je me suis demandé, sans pouvoir répondre,
Si moi au contraire je ne le souhaitais pas. (...)

J'AI VU UN HOMME CE MATIN...

I saw a man this morning
Who did not wish to die:
I ask, and cannot answer,
If otherwise wish I.

I SAW A MAN THIS MORNING...

Les cimetières britannique et français de Neuville-Saint-Vaast / Tombes allemandes
Sur le territoire de cette commune combattirent des soldats venus de plus de trente pays...
Les cimetières allemand, britannique et français, les monuments tchèque et polonais donnent l'image du gigantesque collectif que fut la Grande Guerre, avant que l'Europe ne puisse se construire.

The British and French cemeteries of Neuville-Saint-Vaast / German tombs
Soldiers from more than thirty different countries fought on the territory of this commune. The German, British and French cemeteries and the monument to Czech and Polish soldiers testify to the vast collective which constituted the Great War before Europe might be built.

Henri Barbusse

L'auteur accompagne le soldat Poterloo jusqu'à Souchez, son village.

La pente s'atténue. Mon compagnon regarde à droite, à gauche.
– Ben quoi ! on y est... C'est qu'on y est...
En effet, nous n'avons pas quitté la plaine, la vaste plaine stérilisée, cautérisée et cependant nous sommes dans Souchez !
Le village a disparu. Jamais je n'ai vu une pareille disparition de village. (...)
Le bombardement a tellement modifié les choses qu'il a détourné le cours du ruisseau qui forme un étang sur les restes de la petite place où il y avait la croix.
Il s'éponge le front ; il lève sur moi des yeux de suppliant.
– Mon vieux, tu peux pas te figurer, tu peux pas, tu peux pas...

LE FEU

The author accompanies the soldier Poterloo as far as his village, Souchez.

The hill flattens out. My companion looks to the right, to the left.
- Well! This is it... We're here... Indeed we have not left the plain, the huge burnt, blasted plain and yet we are in Souchez! The village no longer exists. I have never seen a village disappear so completely. The bombing has so utterly changed things that the path of the river has altered and forms a pond on what remains of the little square where a cross used to stand. He wipes his forehead, then gazes at me with beseeching eyes.
- Old man, you can't begin to imagine, you can't, you just can't...

UNDER FIRE

Le monument au général Barbot à Souchez
Il fut élevé à la mémoire du général qui en octobre 1914 avait sauvé Arras en refusant l'ordre de retraite, et qui fut tué aux abords de Cabaret Rouge le 10 mai 1915.

The monument to General Barbot at Souchez
It was erected in memory of the General who had saved Arras in October 1914 by refusing the order to retreat and who was killed in action close to the Cabaret Rouge on the 10th of May 1917.

Rudyard Kipling

Formule simple

Si l'on vous demande pourquoi nous sommes morts,
Dites-leur que c'est parce que nos pères nous ont menti.

EPITHAPHES

Common Form

If any question why we died,
Tell them, because our fathers lied.

EPITHAPHS

Le cimetière St-Mary's à Haisnes où repose John Kipling
Le fils de Rudyard Kipling, bien que réformé pour mauvaise vue, s'engagea en 1915 dans « l'armée Kitchener ». Il fut tué à Loos-en-Gohelle en septembre de la même année, à 18 ans, et porté disparu. L'auteur de « Tu seras un homme mon fils » durant des années erra en vain sur les champs de bataille du Pas-de-Calais pour retrouver le corps de son fils, dont les restes furent finalement identifiés en 1991.

St-Mary's cemetery at Haisnes where John Kipling is buried
The son of Rudyard Kipling, though declared unfit for service on account of his bad eyesight, nevertheless joined up in 1915 in "Kitchener's army". He was killed at the age of 18 in September of the same year at Loos-en-Gohelle and reported missing. The author of "You'll be a man, my son" wandered the battlefields of Pas-de-Calais for years in vain search of his son's body which was finally identified in 1991.

W.H. "Jimmy" Dowling

L'air était épais avec des balles, sifflant en vibrant et en se croisant dans un enchevêtrement de mort. Des centaines ont été fauchés en un clin d'œil, tombant en rangs serrés comme des dents de peigne cassées.

CITÉ PAR C.E.W. BEAN

The air was thick with bullets, swishing in a flat, crisscrossed lattice of death. Hundreds were mown down in the flicker of an eyelid like great rows of teeth knocked from a com.

BY C.E.W. BEAN

Le monument australien de Fromelles / Marchant dans un boyau, le grand historien australien C.E.W. Bean
Il fut édifié en l'honneur du sergent Simon Fraser, engagé volontaire de 40 ans, qui alla rechercher des soldats blessés dans le no man's land lors des combats particulièrement violents qui eurent lieu sur cette petite crête en juillet 1916. Les Australiens y perdirent alors 8 500 hommes en 24 heures, dans une opération de diversion.

The Australian monument at Fromelles / The great Australian historian C.E.W. Bean marching in the trenches
It was erected in honour of Sergeant Simon Fraser, a 40-year-old volunteer soldier who went in search of wounded soldiers in the no man's land during the particularly violent clashes which took place on this small crest in July 1916. Here, the Australians lost 8,500 men in 24 hours during a diversion manoeuvre.

Siegfried Sassoon

Les soldats sont des rêveurs ; quand commencent les tirs d'obus
Ils pensent à leur maison chaude, à leur lit propre, à leur épouse.

Je les vois dans d'immondes trous, grignotés par les rats,
Et dans les tranchées éboulées, battues par la pluie,
Rêvant au temps des battes et des balles,
Nargués par l'envie sans espoir de retrouver
Les jours fériés, le cinéma et les souliers vernis,
Et de prendre le train pour aller au bureau.

RÊVEURS

Soldiers are dreamers ; when the guns begin
They think of firelit homes, clean beds, and wives.

I see them in foul dug-outs, gnawed by rats,
And in the ruined trenches, lashed with rain,
Dreaming of things they did with balls and bats,
And mocked by hopeless longing to regain
Bank-holidays, and picture-show, and spats,
And going to the office in the train.

DREAMERS

The Wellington quarries at Arras
Since the Middle Ages, the underground of Arras was riddled with stone quarries which the British fitted out in preparation for the onslaughts on 1917. 24,000 soldiers lived here while waiting for the assault, etching their dreams on the surface of the rock.

Les carrières Wellington à Arras
Le sous-sol d'Arras est truffé depuis le Moyen Age de carrières de pierre que les Britanniques aménagèrent pour préparer l'offensive de 1917. 24 000 soldats purent y vivre en attendant l'assaut, tout en dessinant leurs rêves sur les parois rocheuses.

Ernst Jünger

Je m'installai dans un champ pour attendre en paix la fin du bombardement. Trois secondes environ après chaque chute d'obus, j'entendais l'énorme explosion, qu'accompagnaient des sifflements et des gazouillis à plusieurs voix, comme à l'approche d'une bande épaisse d'oiseaux. Puis des centaines d'éclats pleuvaient, faisant voler en poussière le sol sec du champ. Le jeu se répéta à plusieurs reprises et chaque fois, je guettais, dans une curiosité mi-anxieuse, mi-voluptueuse, l'arrivée relativement lente de ces éclats.

ORAGES D'ACIER

I settled down in a field to wait for the bombing to end. Roughly three seconds after the fall of each shell, I could hear the huge explosion and the whispering and twittering sounds which came with it, as at the approach of a dense flight of birds. Then followed the splinters of shell-burst raining down and driving up the dry earth of the field.
This routine played out several times and each time I waited attentively, with a curiosity that was a mixture of anguish and pleasure, for the delayed return of these splinters.

STORM OF STEEL

Bunkers allemands dans la région d'Aubers
Au milieu des champs subsistent en Artois et en Flandres des centaines de bunkers de béton des premières lignes allemandes, dont les mitrailleuses fauchèrent les vagues d'assaut alliées.

German bunkers in the region of Aubers
Hundreds of concrete bunkers belonging to the German front-lines whose machine guns cut down waves of allied attacks remain today in the fields of Artois and Flanders.

Henri Barbusse

On est prêts. Les hommes se rangent, toujours en silence, avec leur couverture en sautoir, la jugulaire du casque au menton, appuyés sur leurs fusils. Je regarde leurs faces crispées, pâles, profondes. Ce ne sont pas des soldats : ce sont des hommes. Ce ne sont pas des aventuriers, des guerriers, faits pour la boucherie humaine. Ce sont des laboureurs et des ouvriers qu'on reconnaît dans leurs uniformes. Ce sont des civils déracinés. Ils sont prêts. Ils attendent le signal de la mort et du meurtre.

LE FEU

We are ready. The men move into line, always without a sound, their blankets over the shoulder, their helmet straps fastened on the chin, leaning on their rifles. I watch their faces, pale drawn, profound...

They are not soldiers: these are men. They are not adventurers or warriors trained for human butchery. These are farm labourers, manual labourers, recognizable beneath their uniforms. These are displaced civilians. They are ready. Waiting for the signal for death and murder.

UNDER FIRE

Carrières Wellington : l'escalier emprunté pour la montée en ligne / Troupes néo-zélandaises
Dans les souterrains d'Arras, des unités spéciales composées de Néo-Zélandais avaient aménagé une véritable cité troglodyte avec zones de cantonnement, chapelle, tunnels creusés sous la roche sous le no man's land jusqu'aux lignes allemandes...

The Wellington quarries: the stairway leading to the front / New Zealand troops
Beneath Arras special units of New Zealanders had created a veritable underground city with quartering zones, a chapel and tunnels dug under the rock beneath the no man's land right up to the German lines.

William Pecover

En avançant dans la pleine lumière de ce matin nuageux d'avril, nous prenons vraiment conscience de ce qu'est un grand champ de bataille moderne. C'était cela la guerre... Les blessés, alliés comme ennemis, gisaient partout, à même la boue froide et humide, silencieux dans la détresse de leur agonie, ou criant à l'aide vers les brancardiers qui se déployaient à l'arrière des vagues d'attaque. Et juste devant nous tonnaient le barrage et la furie de la bataille, par-dessus nos têtes claquait le crépitement mortel des mitrailleuses, shrapnels et contre-feux des canons ennemis – tous ces diaboliques instruments de mort que l'homme a pu inventer. En contraste, l'espace conquis à travers lequel nous passions paraissait étrangement calme. Là régnait la mort,

CITÉ PAR PIERRE BERTON DANS *VIMY*

Moving forward in the full light of that clouded April morning, we learned full well the nature of the great modern battlefield. This was war... The wounded, friend and foe alike, lay everywhere about in the cold, wet mud, silent and helpless in their agony or crying out for help to the stretcher-bearers who fanned out behind the attacking waves. And just ahead of us roared the barrage and all the fury of the fight -the death rattle of the machine guns, bursting overhead, shrapnel and counter fire from the enemy guns- all of the fiendish implements of death that man had devised. In contrast, the conquered area through witch we passed seemed strangely quiet. Here death reigned, and the agony of pain.

BY PIERRE BERTON IN VIMY

Le sommet de la colline de Vimy
Aujourd'hui, la nature a repris ses droits, et sur le haut de la colline, les moutons paissent l'herbe qui a repoussé dans les trous d'obus.

The bruised ground of Vimy Ridge
Today nature has reinstated itself and sheep graze on the top of the hill inside the shell holes where the grass has grown back.

Laurence Binyon

Ils ne vieilliront pas, comme nous qui restons.
Ils ne seront pas accablés par l'âge, ni condamnés par les années.
Mais chaque matin, comme à chaque coucher de soleil,
Nous nous souviendrons d'eux.

POUR CEUX QUI SONT TOMBÉS

They shall grow not old, as we that are left grow old:
Age shall not weary them, nor the years condemn.
At the going down of the sun and in the morning
We will remember them.

FOR THE FALLEN

Le Mémorial de Vimy
Deux hautes colonnes de pierre blanches s'élançant vers le ciel dominent le sommet de la colline de Vimy face au bassin minier. Elles symbolisent le Canada et la France. Le monument, inauguré en 1936, est orné de plusieurs statues représentant la douleur et le deuil, mais aussi l'espoir de paix.

The Canadian National Vimy Memorial
Two tall columns of white stone reach skyward on Vimy Ridge standing opposite the mining area. They symbolize both Canada and France. The monument, decorated with several statues representing suffering and mourning, but also hope and peace, was inaugurated in 1936.

G.D. Mitchell

La plupart des religions usent d'un rituel accompagné de réparations pour se purifier du péché. Mais le soldat qui survit à une bataille acharnée n'a besoin d'aucune cérémonie. Ce qu'il ressent, c'est que, de même que l'acier débarrassé de ses impuretés par le feu, lui a été purifié par un autre feu, et il peut faire face à l'avenir sans se sentir souillé ni affaibli. Calme, déjà mis à l'épreuve, il n'est hanté par aucun souvenir, sauf celui des visages et des voix des camarades laissés derrière lui.

DOS AU MUR

Most religious orders have a ritual which claims to make man clean of sin. But the soldier who survives a desperate battle has no need of any ceremony. For he feels that, as steel is purged of all flaws by fire, so has he been cleansed by that other fire, and he can face the future without stain or weakness. Calm, tried and tested, he is haunted by no memory, save of the faces and voices of comrades left behind.

BACKS TO THE WALL

Le cimetière portugais de Neuve-Chapelle
Entrés en guerre en 1916, les Portugais se battirent en 1917 aux côtés des Britanniques près de Neuve-Chapelle. Derrière une grille de fer forgé, le cimetière rassemble 500 stèles.

The Portuguese cemetery at Neuve-Chapelle
The Portuguese entered the war in 1916 and in 1917, fought near Neuve-Chapelle side by side with the British. 500 steles stand in this cemetery behind wrought iron railings.

Erich Maria Remarque

Les tanks qui étaient un objet de raillerie sont devenus une arme terrible. Ils déroulent leurs longues files blindées et, plus que toute autre chose, incarnent pour nous l'horreur de la guerre. (...) Les lignes d'attaque des adversaires sont composées d'êtres humains, comme nous. Mais ces tanks sont des machines, et leurs chenilles tournent à l'infini comme la guerre : elles apportent la destruction quand, impassibles, elles s'enfoncent dans les entonnoirs et en ressortent sans s'arrêter, véritable flotte de cuirasses mugissantes crachant de la fumée, bêtes d'acier invulnérables écrasant les morts et les blessés.

A L'OUEST, RIEN DE NOUVEAU

At first an object of mockery, the tanks have come to be seen as a terrible weapon. The advancing of these impenetrable tanks more than anything else embodies the horror of war. The attacking lines of the adversary are composed of human beings like us, but these tanks are machines and their caterpillar tracks churn inexorably like the war itself: they are the bearers of destruction passing impassively, relentlessly in and out of the shell-holes, wreaking havoc, a virtual flotilla of grinding battleships spitting smoke, invulnerable steel beasts crushing beneath them the dead and wounded alike.

ALL QUIET ON THE WESTERN FRONT

Le cimetière britannique d'Arleux au pied du Bois Bourlon
En 1917, les Britanniques s'élancèrent à l'assaut des lignes allemandes dans la région de Cambrai. Les Australiens et leurs chars s'illustrèrent notamment à Bullecourt, et les Canadiens au Bois Bourlon.

Arleux cemetery, at the foot of Bourlon Wood
The British launched an attack on the German lines in the region of Cambrai in 1917. The Australians and their tanks distinguished themselves at Bullecourt as did the Canadians at Bourlon Wood.

Henri Barbusse

– Les hommes, c'est des choses qui pensent un peu et qui, surtout, oublient.
– Alors, tant de malheur est perdu.

LE FEU

- Men are creatures who think a little and who, above all, forget.
- Ah then, all that suffering has been for nothing.

UNDER FIRE

Le monument aux morts de Laventie / Une illustration moderne de la guerre des tranchées par Jacques Tardi
Il est l'œuvre de Real del Sarte, qui fut lui-même un combattant de la Grande Guerre.

The monument to the dead of Laventie / A modern illustration of the war in the trenches by Jacques Tardi
The monument was created by Real del Sarte, who also fight in the Great War.

Wilfred Owen

Des voix de gosses s'élevaient près des berges du fleuve.
Le sommeil les maternait, laissant le crépuscule inconsolé.
L'ombre du lendemain pesait sur les hommes.

MAIS MOI JE REGARDAIS LES ÉTOILES ÉTERNELLES

Voices of boys were by the river-side.
Sleep mothered them; and left the twilight sad.
The shadow of the morrow weighed on men.

BUT I WAS LOOKING AT THE PERMANENT STARS

Le canal près duquel fut tué Wilfred Owen à Ors
Le poète anglais tomba au bord de ce canal le 4 novembre 1918, et ses parents reçurent la nouvelle de sa mort le 11 novembre...

The canal near which the poet Wilfred Owen was killed at Ors
On the 4th of November 1918, the English poet was shot down beside this canal. News of his death reached his parents on the 11th of November...

Henri Barbusse

– Tous les champs, les routes, les villages, c'est couvert d'obus non éclatés, de tous calibres ; des nôtres aussi, faut l'dire. Il doit y en avoir plein la terre, qu'on n'voit pas. Je m'demande comment on fera, plus tard, quand viendra le moment qu'on dira : « C'est pas tout ça, mais faut s'remettre à labourer. »

LE FEU

-All the fields, the roads and the villages –they're full of unexploded mines, of all sizes ; ours too it has to be said. The land must be chock-a-block with them, though you can't see them. I'm wondering what we're going to do, later on, when the time comes and someone's going to say "All that's very well, but now it's time to go back and plough the land."

UNDER FIRE

Des tombes anglaises au milieu des sillons
Une image familière dans cette terre où tant de jeunes gens firent le sacrifice de leur vie.

English tombs amidst the furrows
A familiar sight on this land where so many young men sacrificed their lives.

Index des auteurs

Richard Aldington. 1892-1962
Romancier anglais, il fut affecté sur le front Ouest en 1916. Il combattit en Artois dans le Royal Welsh Fusiliers et fut gazé en 1918. Il est l'auteur de nombreuses nouvelles, et du roman *Mort d'un héros* paru en 1929, dans lequel il relate la vie des combattants des tranchées.

Louis Aragon. 1897-1982
C'est comme médecin auxiliaire qu'il partit pour le front en 1918, où il reçut la Croix de guerre. Il y rencontra André Breton avec qui il fondera le mouvement surréaliste et adhérera en 1927 pour un temps au parti communiste. A nouveau mobilisé en 1939 comme médecin, il retrouva les lieux des combats de 14-18. L'écrivain reçut une seconde fois la Croix de guerre en 1940, puis rejoignit « l'armée de l'ombre ». C'est en 1942 qu'il écrivit *Les Yeux d'Elsa*, ouvrage qui traite notamment de la débâcle et de la résistance.

Henri Barbusse. 1873-1935
Engagé volontaire en 1914, il fut fantassin puis brancardier dans le secteur de Souchez. Son *Journal d'une escouade* parut d'abord en feuilleton dans *L'Œuvre* en 1915 et constitua pour les civils une révélation sur la réalité de la guerre. Publié en livre sous le titre *Le Feu*, il obtint le prix Goncourt en 1916. H. Barbusse après la guerre adhéra au parti communiste. Il anima la revue *Clarté* et fut l'instigateur du mouvement pacifiste « Amsterdam-Pleyel ».

Louis Barthas. 1879-1952
Tonnelier dans le Minervois mobilisé à 35 ans, Louis Barthas passe toute la guerre au front où il griffonne sur des feuilles disparates ce qu'il vit au quotidien. En 1919, il en fait un journal, restitué dans un livre édité en 1978 avec l'aide de ses petits-enfants.

Laurence Binyon. 1869-1913
Poète et critique d'art anglais, il fut affecté comme brancardier sur le front Ouest en 1916. *For the Fallen* est son poème le plus connu, en particulier la quatrième strophe qui est inscrite sur de nombreux mémoriaux.

Blaise Cendrars. 1887-1961
Ecrivain suisse engagé dans le corps des volontaires étrangers dès août 1914 - ce qui lui valut d'obtenir la nationalité française. Il se battit notamment dans la Somme et l'Artois, et perdit un bras en Champagne en septembre 1915.

Roland Dorgelès. 1885-1973.
Journaliste et écrivain français qui, bien que réformé, s'engagea en 1914. Il fut décoré de la Croix de guerre. Il connut la célébrité grâce à son livre *Les Croix de Bois* qui obtint le prix Femina en 1919.

W.H. "Jimmy" Dowling.
Survivant de la bataille de Fromelles dont le témoignage est cité par l'historien australien C.E.W. Bean.

Jean Galtier-Boissière. 1891-1966
Il combattit comme caporal en Argonne, puis sur le front d'Artois en 1915-1916 où il fut blessé. Il fonda au front le journal *Le Crapouillot*, collabora, des tranchées, au journal satirique, *Le Canard Enchaîné*, et publia en 1917 ses souvenirs de guerre sous le titre *En rase campagne 1914. Un hiver à Souchez 1915-1916.*

Capitaine Humbert.
Il participe à la grande attaque d'Artois du 9 mai dans la division Barbot et publiera ses souvenirs qui couvrent toute la durée de la guerre.

Ernst Jünger. 1895-1998
Ecrivain allemand. Engagé volontaire dès 1914, il combattit en Champagne, où il fut sept fois blessé, dans les Flandres, en Artois et dans la Somme. Il a relaté ses expériences de guerre dans *Orages d'acier* et *Le Boqueteau 125* notamment.

Rudyard Kipling. 1865-1936
Né à Bombay, l'illustre écrivain britannique partit en Angleterre à 6 ans pour cinq années de pension douloureuses avant de revenir en Inde où il commença à écrire. L'auteur du *Livre de la Jungle* se rendit aussi célèbre pour son patriotisme et son attachement à la destinée impériale de la Grande-Bretagne. Après la Grande Guerre et la disparition de son fils, il publia en 1919 *Epitaphs of the War*, consacré aux morts des combats.

Major Leeds.
Officier de la Division de Lahore qui a consigné dans un journal de marche les faits de guerre du 59e bataillon.

G.D. Mitchell. 1894-1961
Ecrivain australien qui se battit durant la Grande Guerre à Gallipoli, puis dans les Flandres et en Artois et reçut la Military Cross. Son roman *Backs to the Wall* fut publié en 1937.

Neil Munro. 1863-1930
Nouvelliste et poète écossais qui fut journaliste de guerre sur le front français.

Wilfred Owen. 1893-1918
L'un des plus grands poètes de la Première Guerre mondiale. Engagé volontaire en septembre 1915 alors qu'il était professeur à Bordeaux, il fut blessé en 1917 et hospitalisé. Il fit alors la connaissance du poète Siegfried Sassoon qui devint son ami. Il revint au front quelques mois plus tard et fut tué le 4 novembre 1918, à Ors, dans le département du Nord, où repose son corps.

William Pecover.
Combattant canadien du 27e bataillon de Vimy, cité par Pierre Berton dans son ouvrage Vimy.

E.M. Remarque. 1898-1970
Envoyé sur le front Ouest en 1916, le futur romancier est blessé en 1917 et hospitalisé avant de revenir aux combats en 1918. Instituteur et journaliste, il reste hanté par la guerre. La publication de *A l'Ouest rien de nouveau*, en 1928, lui assure une renommée internationale. Mais son roman, à l'arrivée des nazis au pouvoir, fait partie de la liste des autodafés. En 1932, il quitte l'Allemagne pour la Suisse puis la France, avant d'émigrer aux Etats-Unis. Il ne reviendra dans son pays qu'après la guerre.

Siegfried Sassoon. 1886-1967
Poète anglais qui fut l'un des premiers à s'engager en août 1914 et particulièrement reconnu par sa bravoure. Blessé en 1917, il fit un séjour à l'hôpital où il fit la connaissance de Wilfred Owen. Il envoya au Parlement un *Manifeste contre la guerre* qui fut publié dans le *Times*, ce qui ne l'empêcha pas de repartir au front comme volontaire.

P.H. Shaw-Stewart. 1888-1917
Né dans une famille d'officiers, il s'engagea en novembre 1914 et partit se battre à Gallipoli et Salonique. Officier de liaison avec les Français, il reçut la Légion d'Honneur et la Croix de guerre et rejoignit le front Ouest en mai 1917. Il y fut tué en décembre.

Index of authors

Richard Aldington. 1892-1962
English novelist who was drafted to the Western Front in 1918. He fought with the Royal Welsh Fusiliers in Artois and was gassed in 1918. He wrote numerous short stories, notably *Death of a Hero*: a novel which was published in 1929 and recounts the life of the soldiers in the trenches.

Louis Aragon. 1897-1982
Sent to the front as medical auxiliary in 1918, where he received the Military Cross. It was here that he encountered André Breton with whom he would found the Surrealist Movement and join in 1927 the Communist Party. Mobilized again in 1939 he returned as a doctor in the combat zones of 1914-1918. The writer was once again awarded the Military Cross in 1940 and then joined the Resistance movement. In 1942, he wrote *Les Yeux d'Elsa* (Elsa's Eyes), a poetic work which refers in part of the Defeat and the Resistance.

Henri Barbusse. 1873-1935
He enlisted as a volunteer in 1914 and served first in the infantry then as stretcher-bearer in the zone of Souchez. His "Journal d'une escouade" (The story of a squad), which was first published in serial-form in *L'Œuvre* in 1915 constituted a veritable revelation for civilians concerning the realities of war. Published later in book-form bearing the title *Under Fire*, it was awarded the Prix Goncourt in 1916. After the war, Henri Barbusse joined the Communist Party; he ran the review *Clarté* and was the instigator of the peace-movement "Amsterdam-Pleyel".

Louis Barthas. 1879-1952
This cooper in the Minervois was mobilized at the age of 35 and spent the whole war at the front, noting his day to day experiences on scraps of paper. In 1919 he put this into the form of a diary which, with the help of his grandchildren, became a book published in 1978.

Laurence Binyon. 1869-1913
English poet and art critic, he was drafted as stretcher-bearer to the Western Front in 1916. His most famous poem is For the Fallen whose fourth verse can be found engraved on numerous memorials.

Blaise Cendrars. 1887-1961
Swiss writer who enlisted with the foreign volunteers in August of 1914 - thus obtaining French nationality. He fought notably in the Somme and the Artois, and lost an arm in Champagne in 1915.

Roland Dorgelès. 1885-1973
French journalist and author, declared unfit for service, he nevertheless joined up in 1914 and received the Military Cross. His book *Wooden Crosses* received the Prix Femina in 1919 and gained him considerable renown.

W.H. "Jimmy" Dowling.
A survivor of the Battle of Fromelles. His first-hand account is quoted by the Australian historian, C.E.W. Bean.

Jean Galtier-Boissière. 1891-1966
Fought as Corporal at Argonne and in 1915-1916 on the front at Artois where he was wounded. At the front he founded the paper *Le Crapouillot*, collaborated on the satirical newspaper *Le Canard Enchaîné*, and in 1917 he published his memories of the war in a book entitled *One Winter at Souchez*.

Captain Humbert
Took part in the great onslaught of Artois on May the 9th in the Barbot Division and would later publish his souvenirs which cover the whole period of the war.

Ernst Jünger. 1895-1998
This German writer served as a volunteer from 1914 on, fighting in Champagne and mostly in Flanders, Artois and in the Somme. He was wounded seven times. He recounted his experiences of the war notably in *Storm of Steel* and *Copse 125*.

Rudyard Kipling. 1865-1936
Born in Bombay, the famous British writer went to England at the age of 6, where he reluctantly endured five years of boarding school before returning to India where he began to write. The author of *The Jungle Book*, was also famous for his patriotism and attachment to the imperial destiny of Great Britain. In 1919, following the Great War and the loss of his son, he published *Epitaphs of the War* dedicated to those who died in combat.

Major Leeds.
Officer of the Lahore Division who noted the exploits of the 59th Battalion in a war diaries.

G.D. Mitchell. 1894-1961
An Australian writer who fought in Gallipoli during the Great War and subsequently in Flanders and in Artois, receiving the Military Cross. His novel entitled *Backs to the Wall* was published in 1937.

Neil Munro. 1863-1930
Scottish novelist and poet who was a war journalist on the French front.

Wilfred Owen. 1893-1918
One of the greatest poets of the First World War. Teacher in Bordeaux in 1915, he enlisted as a volunteer in September, was wounded in 1917 and admitted to hospital. There he made the acquaintance of the poet Siegfried Sassoon with whom he became friend. Several months later, he returned to the front and was killed on the 4th of November 1918 at Ors in the French Flanders where his body is laid to rest.

William Pecover.
Canadian combatant of the 27th Battalion of Vimy, quoted by Pierre Burton in his book Vimy.

E.M. Remarque. 1898-1970
Drafted to the Western Front in 1916, the future novelist was wounded in 1917 and admitted to hospital. He returned to the front in 1918. School-teacher and journalist, he remained haunted by the war. The publication in 1928 of *All Quiet on the Western Front* gained him world wide renown. However when the Nazis come to power, his novel was among the list of auto-da-fés. He left Germany in 1932 to settle in Switzerland and then in France, before emigrating to the United States and would not return to his country until after the war.

Siegfried Sassoon. 1886-1967
English poet among the first to enlist in 1914 and remarkable for his bravery. Wounded in 1917, he spent time in hospital where he met Wilfred Owen. He sent a pacifist manifesto: *"A Soldier's Declaration"* to the Parliament which was published in *The Times*. He returned nevertheless to the front as volunteer.

P.H. Shaw-Stewart. 1988-1917
Born into a family of officers, he joined up in November 1914 and was sent to Gallipoli and Salonika. Liaison officer with the French, he received the Legion of Honour and the Military Cross. In May 1917 he was posted to the Western Front. He was killed there in December.

Bibliographie

ALDINGTON Richard, *Mort d'un héros*, 1929.
ARAGON Louis, *Les Yeux d'Elsa*, Seghers, 1942.
BARBUSSE Henri, *Le Feu*, Flammarion, 1916.
BARTHAS Louis, *Les Carnets de guerre de Louis Barthas, tonnelier*, 1914-1918, Maspero, 1978.
BEAN C.E.W., *Australia's WW1 Historian*, 1920-1942, 7 vol
BINYON Laurence, *For the Fallen*, *The Times*, 21 septembre 1914.
CENDRARS Blaise, *La Main coupée*, Denoël, 1946.
DORGELÈS Roland, *Les Croix de Bois*, Albin Michel, 1919.
GALTIER-BOISSIÈRE Jean, *Un hiver à Souchez 1915-1916*. Berger-Levrault, 1917.
Capitaine HUMBERT, *La Division Barbot*, Hachette, 1919.
JÜNGER Ernst, *Orages d'acier*, Christian Bourgois, 1970.
KIPLING Rudyard, *Epitaphs of the War*, 1919.
LEEDS Major in BUFFETAUT Yves, *Les Batailles d'Artois*, Guides Historia.
MITCHELL G.D., *Backs to the Wall*, Allen and Unwin, Sydney, 1937.
OWEN Wilfred, *Et chaque lent crépuscule*... (Poèmes et lettres de guerre 1914-1918), traduits par Barthélemy Dussert et Xavier Hanotte, Le Castor Astral, 2001.
PECOVER William in BERTON Pierre, *Vimy*, Penguin Books, 1987.
REMARQUE Erich Maria, *A l'Ouest rien de nouveau*, 1928 (éd. allemande), Stock, 1948.
SASSOON Siegfried, *Collected Poems*. 1908-1956, Faber and Faber, Londres, 1961.
SHAW-STEWART Patrick Houston, *Archives du Balliol College*, Oxford.

Iconographie

Journaux d'époque : 6, 10, 12, 20, 22, 36, 48, 54.
Coll. Particulière : 16, 25, 26.
IWM : 10.
Jacques Tardi : 56, avec son aimable autorisation.

Photogravure : Scanplus
Maquette Alain Gouessant
Achevé d'imprimer en mars 2007
sur les presses de l'imprimerie Snoeck Ducaju
Anvers / Belgique
Dépôt légal : mars 2007
ISBN : 978-2-9528637-0-4